Madeira

MADEIRA

Photographs by John Underwood. Equipment by Pentax
(35, 55 and 135 mm lenses). Materials by Agfa.
The lower photograph on page 16 is by courtesy of R Gruenwald

© Copyright 1987 SUNFLOWER BOOKS
ISBN 0 948513 21 7   All rights reserved
First published 1983
Design by Pat Underwood and Katharina Kelly
Typesetting by Allset Composition, London
Colour separations by Duplichrome Ltd, Birmingham
Printed and bound in Great Britain by A Wheaton and Co, Exeter

MADEIRA

John Underwood

FOTOGRAFIAS · PHOTOGRAPHS · PHOTOGRAPHIEN · PHOTOGRAPHIES

Índice

AS FOTOGRAFIAS

John e Pat Underwood escolheram para este livro 175 das suas fotografias mais saudosas — a maioria das quais foram tiradas durante passeios atravès da ilha na altura em que escreviam o seu guia, *Landscapes of Madeira.*

Contents

THE PHOTOGRAPHS

For this book John and Pat Underwood have selected 175 of their most evocative photographs — the majority taken on walks all over the island during the writing of their guidebook *Landscapes of Madeira.*

◁ *Lamaceiros (Santo da Serra)*

Ilhéu do Guincho, Ponta de São Lourenço

Inhalt

DIE PHOTOGRAPHIEN
Für dieses Buch haben John und Pat Underwood 175 Photographien ausgewählt — Aufnahmen die für sie den Zauber Madeiras so lebensnahe hervorrufen. Die meisten Photos wurden auf ihren ausgedehnten Wanderungen während sie ihren Führer *Landstriche Madeiras* schrieben, aufgenommen.

Boca do Risco

Table des matières

LES PHOTOGRAPHIES
Pour ce livre, John e Pat Underwood ont sélectionné 175 de leurs photographies les plus évocatrices — la plupart étant prises au cours de promenades aux quatre coins de l'île alors qu'ils écrivaient leur guide, *Landscapes of Madeira*.

Arieiro ▷

A nossa Madeira

A nossa Madeira não se trata de ilha que vemos da estrada do aeroporto ou da piscina do hotel. Nem é mesmo os terraços que se estendem do mar até ao céu e as flores — flores por toda parte — se bem que estas paisagens façam parte da nossa Madeira.

Só com tempo e muita paciência se pode vir a conhecer a ilha. Os seus segredos mais íntimos encontram-se para o norte e para o oeste, frequentemente envoltos em neblina. Esperamos que as fotografias deste livro estimulem o vosso interesse. As vistas panorâmicas dum continente inteiro aguardam as vossas explorações desta pequena ilha.

Não tenha pressa e tenha paciência. Aguarde que as neblinas se levantam e que a Madeira se mostre.

— JOHN E PAT UNDERWOOD

Our Madeira

Our Madeira is not only the island you see from the airport road or the hotel swimming pool. It's not even terraces from sea to sky and flowers — flowers everywhere — although these landscapes are a part of our Madeira.

The island can only be discovered with time and patience. Her deepest secrets lie in the north and west, often veiled in mists. We hope that the photographs in this book will whet your appetite. The panoramic views of a whole continent await your exploration on this small island.

Take the time and be patient. Wait for the mists to rise and let Madeira reveal herself to you.

— JOHN AND PAT UNDERWOOD

Unser Madeira

Unser Madeira ist nicht nur die Insel, die Sie von der Autoroute aus dem Flughafen sehen. Es ist auch nicht die Terrassen vom Meer bis zu den Gipfeln und Blumen — überall Blumen — obwohl diese Landschaften ein Teil unseres Madeiras sind.

Um Madeira zu entdecken sollte man sich Zeit lassen und Geduld haben. Ihre tiefsten Geheimnisse liegen im Norden und Westen, oft mit Nebel verschleiert. Hoffentlich werden die Photos in diesem Buch Ihren Appetit anregen. Das Panorama eines ganzen Kontinentes erwartet Sie auf dieser kleinen Insel. Nehmen Sie sich die Zeit und seien Sie geduldig. Warten Sie bis sich die Nebelschleier heben und Madeira sich Ihnen offenbart.

— JOHN UND PAT UNDERWOOD

Notre Madère

Notre Madère, ce n'est pas seulement l'île qu'on voit de la route de l'aéroport ou de la piscine de l'hôtel. Ce n'est même pas les terraces de la mer au ciel et les fleurs — les fleurs partout — bien que ces paysages fassent partie de notre Madère.

On ne peut découvrir l'île qu'avec du temps et de la patience. Ses plus grands secrets se trouvent au nord et à l'ouest, souvent voilés de brumes. Nous espérons que les photographies de ce livre stimuleront votre soif de découvertes. Les vues panoramiques d'un continent entier attendent votre exploration sur cette petite île. Prenez votre temps et soyez patients. Attendez que la brume se lève et laissez Madère se découvrir à vos yeux.

— JOHN ET PAT UNDERWOOD

Costa e mar · Coast and sea · Küste un

Paúl do Mar

Ribeira da Janela

Meer · La côte et la mer

Seixal

Prazeres

Funchal

Porto Moniz

Porto Moniz

Ribeira da Janela

Cabo Girão

Câmara de Lobos

Ponta de São Lourenço   *Funchal* ▷

Cidades e aldeias · Towns and village

Ribeira da Janela

Santana

Städte und Dörfer · Villes et villages

Prazeres

Prazeres

Faial

Penha de Águia, Faial

Ribeira Brava

Curral das Freiras

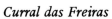

◁ *Porto da Cruz*   *Monte*

Babosas

Curral dos Romeiros, Monte, Babosas

Madalena do Mar

Fajã (Santo António)

Raposeira

Raposeira (Levada Calheta—Ponta do Pargo)

Flores e festas · Flowers and festivals

Funchal

lumen und Feste · Fleurs et fêtes

Funchal, Loreto ▷

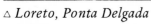 *Loreto, Ponta Delgada*   *Loreto*   △ *Monte*   *Ponta Delgada*

Monte

▽ *Faial*

Ponta Delgada

Cultivação·Cultivation·Pflanzen un

◁ *Funchal*

Levada do Norte, Encumeada

ckerbau · Terres cultivées

Monte

Quinta do Palheiro Ferreiro

Funchal

Preces (Santo António)

Levada do Curral

Camacha

Rosário

Levada Machico—Caniçal

Camacha

Salgados (Camacha)

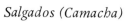

Ribeira de Machico

Ribeira dos Socorridos

Ribeira Sêca (Levada Machico—Caniçal)

Santana

Ribeira do Porto Novo

Campanário (Levada do Norte) ▷

Levadas

Levada do Norte, Ginjas

Levada do Norte, Encumeada

Levada do Caldeirão Verde, Queimadas

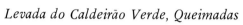

Levada dos Tornos (Palheiro Ferreiro)

◁ *Levada do Furado (Fajã da Nogueira)*

Levada dos Tornos

Levada do Norte (Boa Morte)

Levada da Serra

Ribeira do Poço (Serra de Agua)

Levada das Rabaças (Ribeira da Ponta do Sol)

◁ *Levada do Norte (Campanário)*

Cascalho (Ribeira da Ponta do Sol)

Levada das Vinte e Cinco Fontes

Risco

Levada do Risc

Vinte e Cinco Fontes

◁ *Levada do Norte (Quinta Grande)*

Levada do Norte (Vinháticos)

Levada do Curral (Santo António)

Levada do Norte (Serra de Água) ▷

Levada das Vinte e Cinco Fontes (Rabaçal) ▷

Levada da Serra (Santo da Serra)

Árvores · Trees · Bäume · Arbres

Queimadas

Choupana

Ribeira Sêca

ibeira dos Socorridos

Queimadas

◁ *Fanal*   *Campanário*

Ribeira da Ponta do Sol

Fanal

Tábua

Chão dos Louros

Santana

1 *Romeiros (Santo Antonio)*   *Ginjas*

Charnecas · Moorlands · Moore un

Ponta de São Lourenço

Heiden · Landes

Poiso

Arieiro

◁ *Arieiro*

Paúl da Serra

Bica da Cana (Levada do Lombo do Mouro)

Campo Grande (Levada do Paúl)

Santo da Serra

Santo da Serra (Levada da Serra)

Picos de montanha · Mountain peak

Crista de Galo, Vinháticos

Pousada dos Vinháticos

Berggipfel · Sommets montagneux

Vinháticos   *Pico Redondo, Pico Grande* ▷

Levada da Serra, Bica da Cana   *Pico do Arieiro* ▷

Achada do Teixeira, Homem em Pé, Pico Ruivo

Céus · Skies · Himmelslandschafter

Funchal, Cabo Garajau

Aspects du ciel

◁ *Boaventura*   *Santana*

Levada dos Tornos (Gaula)

Ribeira Brava   *Ilhas Desertas* ▷

Cabo Garajau

Funchal

Índice · Index

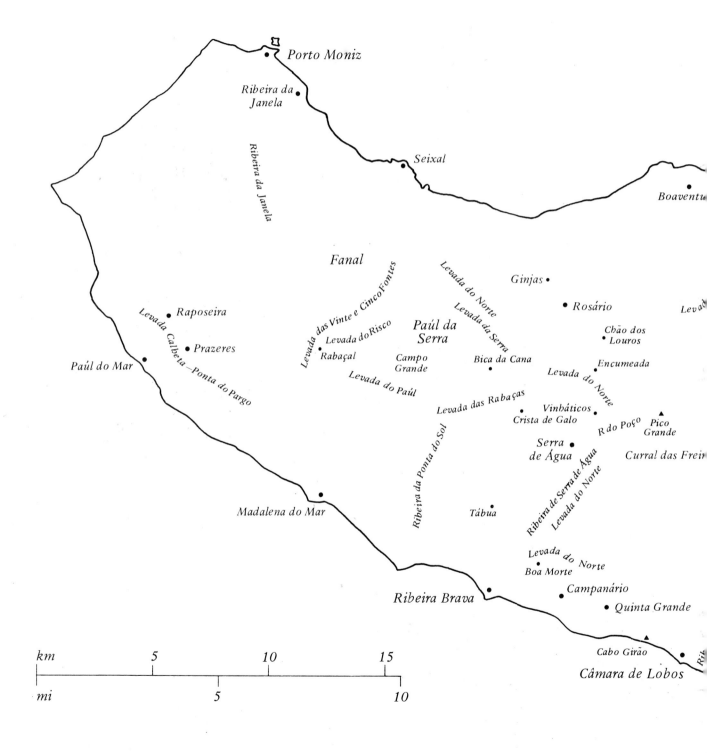

Porto Moniz

Ribeira da
Janela

Seixal

Boaventu

Ribeira da Janela

Fanal

Ginjas

Levada do Norte

Rosário

Levada das Vinte e Cinco Fontes

Levada da Serra

Levad

Raposeira

Chão dos
Louros

Levada Calbeta—Ponta do Pargo

Prazeres

Levada do Risco

Paúl da
Serra

Encumeada

Rabaçal

Campo
Grande

Bica da Cana

Levada do Norte

Paúl do Mar

Levada do Paúl

Levada das Rabaças

Vinháticos

Pico
Grande

Crista de Galo

R do Poço

Ribeira da Ponta do Sol

Serra
de Água

Curral das Frei

Ribeira de Serra de Água

Madalena do Mar

Levada do Norte

Tábua

Levada do Norte

Boa Morte

Campanário

Ribeira Brava

Quinta Grande

Cabo Girão

Rib

Câmara de Lobos

km   5   10   15

mi   5   10